Impressum
Verlag: BABADADA GmbH, Nedderfeld 112 , 22529 Hamburg
Geschäftsführer / Verlagsleitung: Harald Hof
Druck: Books on Demand GmbH, In de Tarpen 42, 22848 Norderstedt

Imprint
Publisher: BABADADA GmbH, Nedderfeld 112 , 22529 Hamburg, Germany
Managing Director / Publishing direction: Harald Hof
Print: Books on Demand GmbH, In de Tarpen 42, 22848 Norderstedt, Germany

школа
mokykla

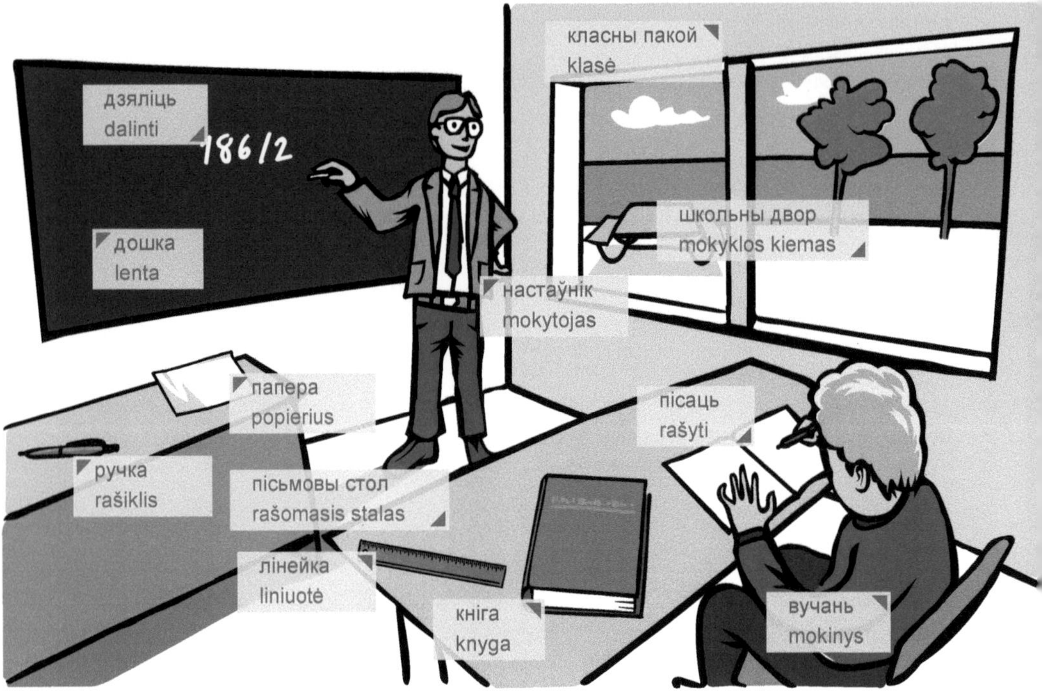

класны пакой
klasė
дзяліць
dalinti
186/2
дошка
lenta
школьны двор
mokyklos kiemas
настаўнік
mokytojas
папера
popierius
пісаць
rašyti
ручка
rašiklis
пісьмовы стол
rašomasis stalas
лінейка
liniuotė
кніга
knyga
вучань
mokinys

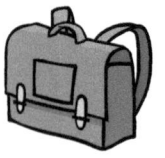

ранец
kuprinė

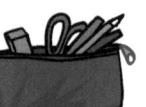

пенал
penalas

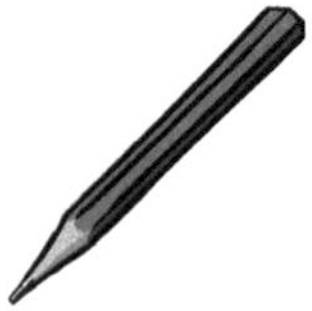

просты аловак
pieštukas

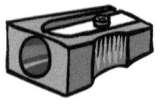

тачылка для алоўкаў
drožtukas

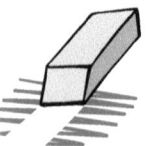

гумка
trintukas

альбом для малявання
piešimo bloknotas

малюнак

piešinys

пэндзлік

teptukas

фарбы

dažų dėžutė

нажніцы

žirklės

клей

klijai

сшытак

vadovėlis

хатняе заданне

namų darbai

12

лік

numeris

2+2

дадаваць

pridėti

5-2

адымаць

atimti

2×2

множыць

dauginti

лічыць

skaičiuoti

A

літара

raidė

ABCDEFG HIJKLMN OPQRSTU VWXYZ

алфавіт

abėcėlė

hello

слова

žodis

тэкст

tekstas

чытаць

skaityti

крэйда

kreida

ўрок

pamoka

класны журнал

dienynas

экзамен

egzaminas

атэстат

pažymėjimas

школьная форма

mokyklinė uniforma

адукацыя

išsilavinimas

энцыклапедыя

enciklopedija

універсітэт

universitetas

мікраскоп

mikroskopas

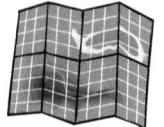

карта

žemėlapis

смеццевы кошык

šiukšliadėžė

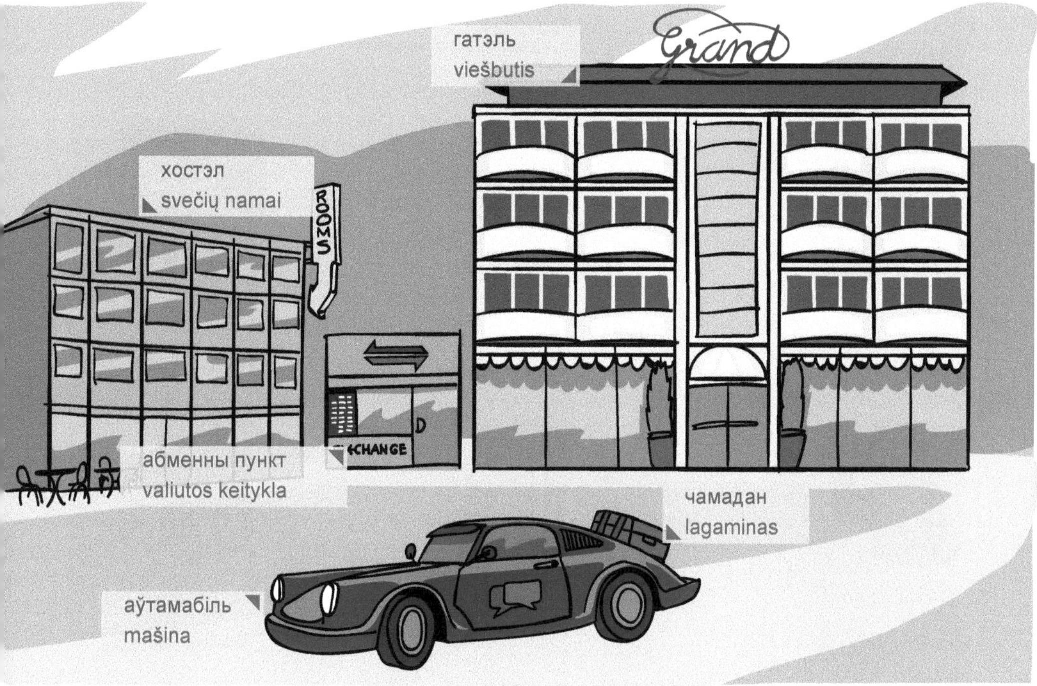

гатэль
viešbutis
Grand
хостэл
svečių namai
ROOMS
абменны пункт
valiutos keitykla
EXCHANGE
чамадан
lagaminas
аўтамабіль
mašina

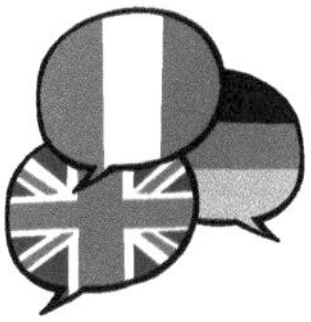

мова
kalba

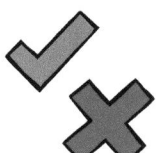

так / не
taip / ne

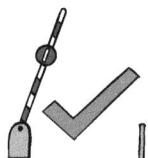

добра
Gerai

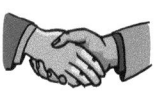

прывітанне!
sveiki

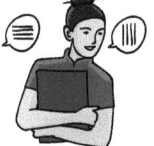

перакладчык
vertėjas raštu

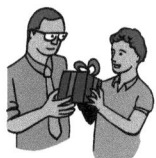

дзякуй
Ačiū

Колькі каштуе....?

kiek kainuoja...?

я не разумею

aš nesuprantu

праблема

problema

Добры вечар!

Labas vakaras!

Добрай раніцы!

Labas rytas!

Дабранач!

Labos nakties!

да пабачэння

viso gero

кірунак

kryptis

багаж

bagažas

сумка

krepšys

заплечнік

kuprinė

госць

svečias

пакой

kambarys

спальны мяшок

miegmaišis

палатка

palapinė

інфармацыя для турыстаў

turizmo informacija

пляж

paplūdimys

крэдытная картка

kreditinė kortelė

снеданне

pusryčiai

абед

pietūs

вячэра

vakarienė

праязны білет

bilietas

ліфт

liftas

паштовая марка

pašto ženklas

мяжа

siena

мытня

muitinė

пасольства

ambasada

віза

viza

пашпарт

pasas

транспарт

transportas

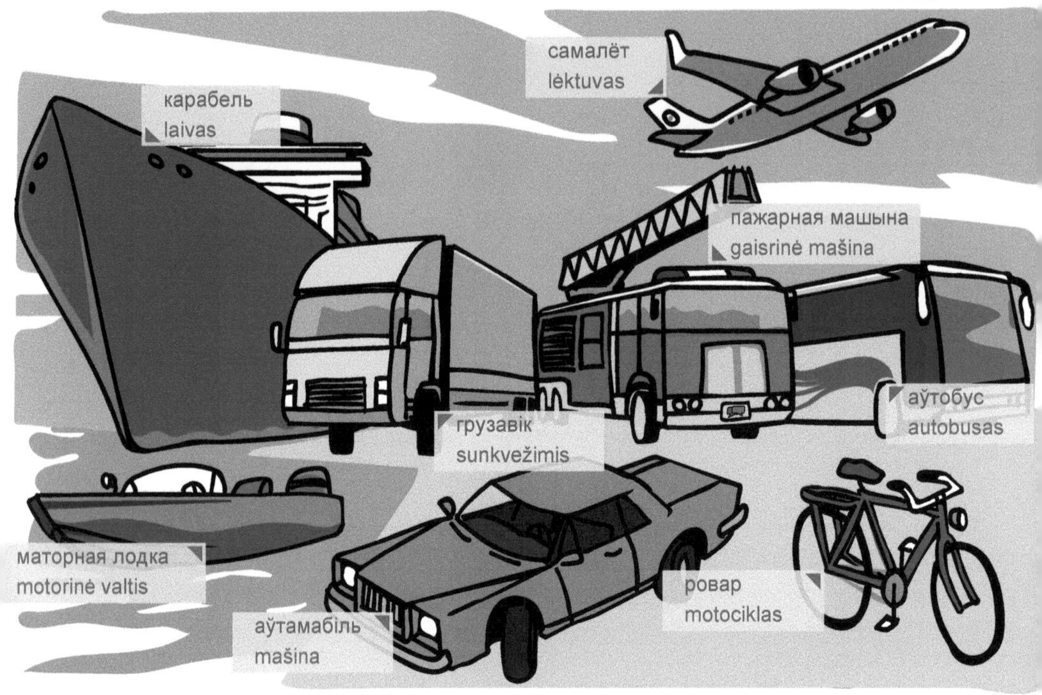

самалёт
lėktuvas
карабель
laivas
пажарная машына
gaisrinė mašina
аўтобус
autobusas
грузавік
sunkvežimis
маторная лодка
motorinė valtis
ровар
motociklas
аўтамабіль
mašina

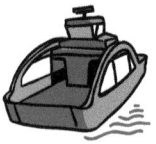

парОм

keltas

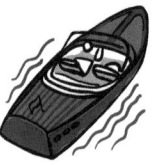

лодка

valtis

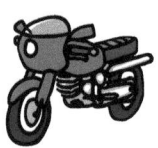

матацыкл

mopedas

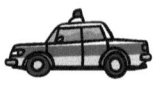

паліцэйская машына

policijos automobilis

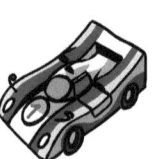

гоначны аўтамабіль

lenktyninis automobilis

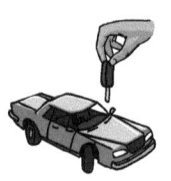

арэндаваны аўтамабіль

nuomojamas automobilis

сумеснае карыстанне аўтамабілем

bendras automobilio naudojimas

эвакуатар

techninės pagalbos automobilis

смеццявоз

šiukšliavežė

матор

variklis

паліва

degalai

запраўка

degalinė

дарожны знак

kelio ženklas

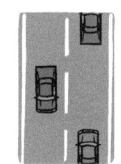

дарожны рух

eismas

затор

eismo spūstis

паркоўка

mašinų stovėjimo aikštelė

чыгуначная станцыя

traukinių stotis

рэйкі

bėgiai

цягнік

traukinys

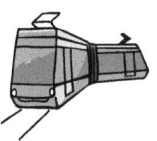

трамвай

tramvajus

вагон

vagonas

верталёт

sraigtasparnis

аэрапорт

oro uostas

вежа

bokštas

пасажыр

keleivis

кантэйнер

konteineris

кардонная скрыня

dėžė

тачка

vežimėlis

карзіна

krepšys

ўзлятаць / прызямляцца

pakilti / nusileisti

горад

miestas

вёска

kaimas

цэнтр горада

miesto centras

дом

namas

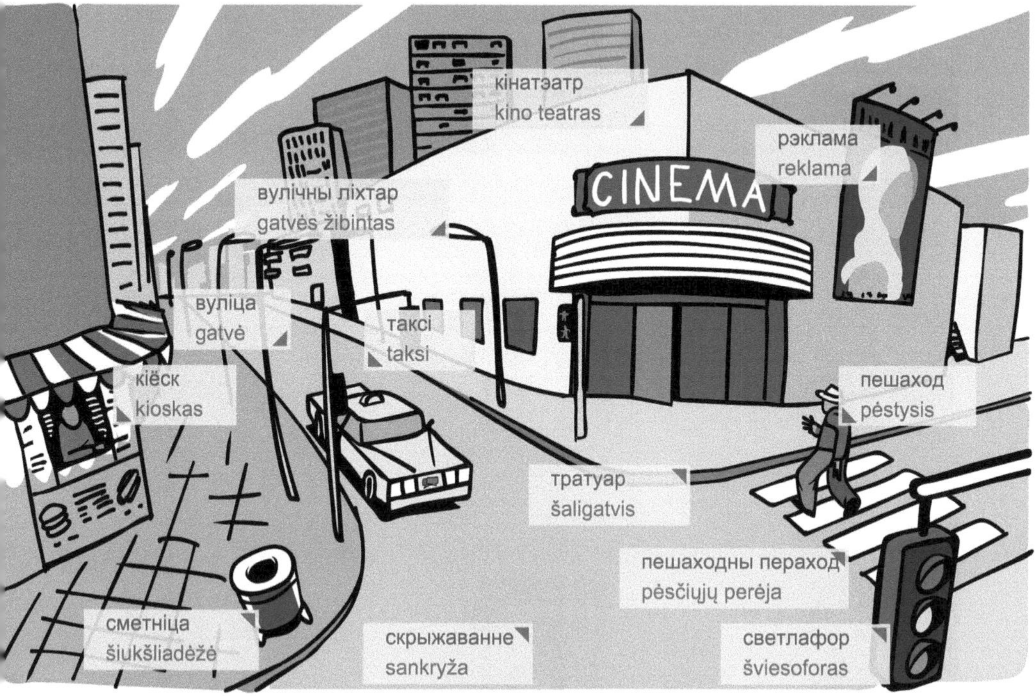

кінатэатр
kino teatras

рэклама
reklama

вулічны ліхтар
gatvės žibintas

CINEMA

вуліца
gatvė

таксі
taksi

кіёск
kioskas

пешаход
pėstysis

тратуар
šaligatvis

пешаходны пераход
pėsčiųjų perėja

сметніца
šiukšliadėžė

скрыжаванне
sankryža

светлафор
šviesoforas

халупа

trobelė

кватэра

butas

чыгуначная станцыя

traukinių stotis

ратуша

rotušė

музей

muziejus

школа

mokykla

універсітэт

universitetas

банк

bankas

шпіталь

ligoninė

гатэль

viešbutis

аптэка

vaistinė

офіс

biuras

кнігарня

knygynas

крама

parduotuvė

кветкавая крама

gėlių parduotuvė

супермаркет

prekybos centras

кірмаш

turgus

універмаг

universalinė parduotuvė

рыбная крама

žuvies parduotuvė

гандлевы цэнтр

prekybos centras

порт

uostas

парк

parkas

лава

suoliukas

мост

tiltas

лесвіца

laiptai

метро

metro

тунэль

tunelis

прыпынак

autobusų stotelė

бар

baras

рэстаран

restoranas

паштовая скрыня

lauko pašto dėžutė

вулічны паказальнік

kelio ženklas

паркамат

parkomatas

заапарк

zoologijos sodas

басейн

baseinas

мячэць

mečetė

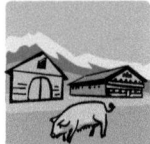

сядзіба

ūkininko ūkis

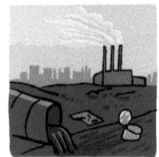

забруджванне навакольнага асяроддзя

tarša

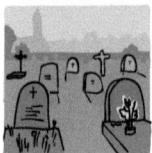

могілкі

kapinės

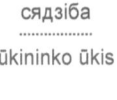

царква

bažnyčia

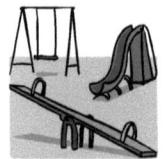

пляцоўка для гульні

žaidimų aikštelė

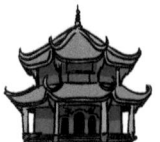

храм

šventykla

краявід

kraštovaizdis

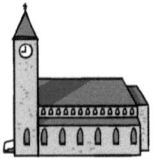

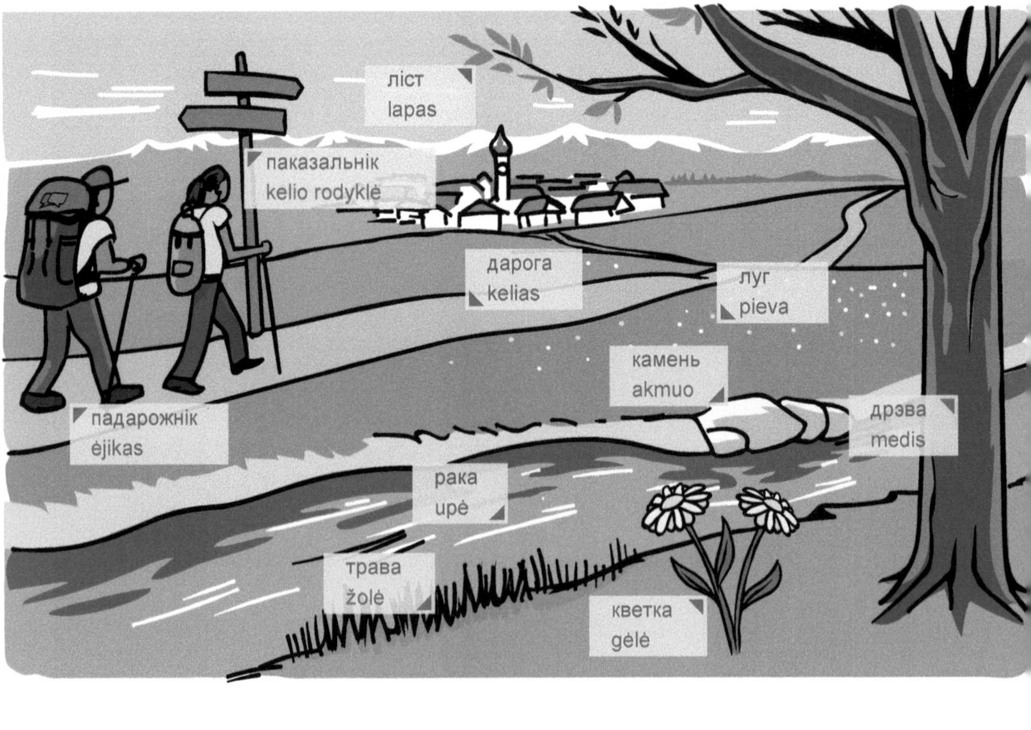
ліст
lapas
паказальнік
kelio rodyklė
дарога
kelias
луг
pieva
камень
akmuo
падарожнік
ėjikas
дрэва
medis
рака
upė
трава
žolė
кветка
gėlė

даліна
....
slėnis

гара
....
kalva

возера
....
ežeras

лес
....
miškas

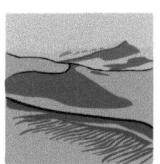

пустыня
....
dykuma

вулкан
....
ugnikalnis

замак
....
pilis

вясёлка
....
vaivorykštė

грыб
....
grybas

пальма
....
palmė

камар
....
uodas

муха
....
musė

мурашка
....
skruzdėlė

пчала
....
bitė

павук
....
voras

жук

vabalas

жаба

varlė

вавёрка

voverė

вожык

ežys

заяц

kiškis

сава

pelėda

птушка

paukštis

лебедзь

gulbė

дзік

šernas

алень

elnias

лось

briedis

плаціна

užtvanka

вятрак

vėjo jėgainė

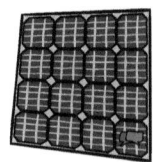

сонечная батарэя

saulės baterija

клімат

klimatas

рэстаран
restoranas

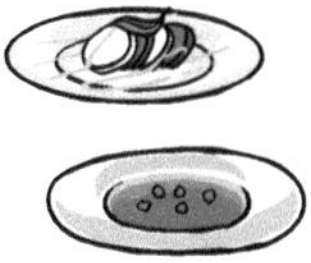

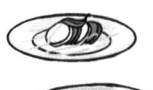

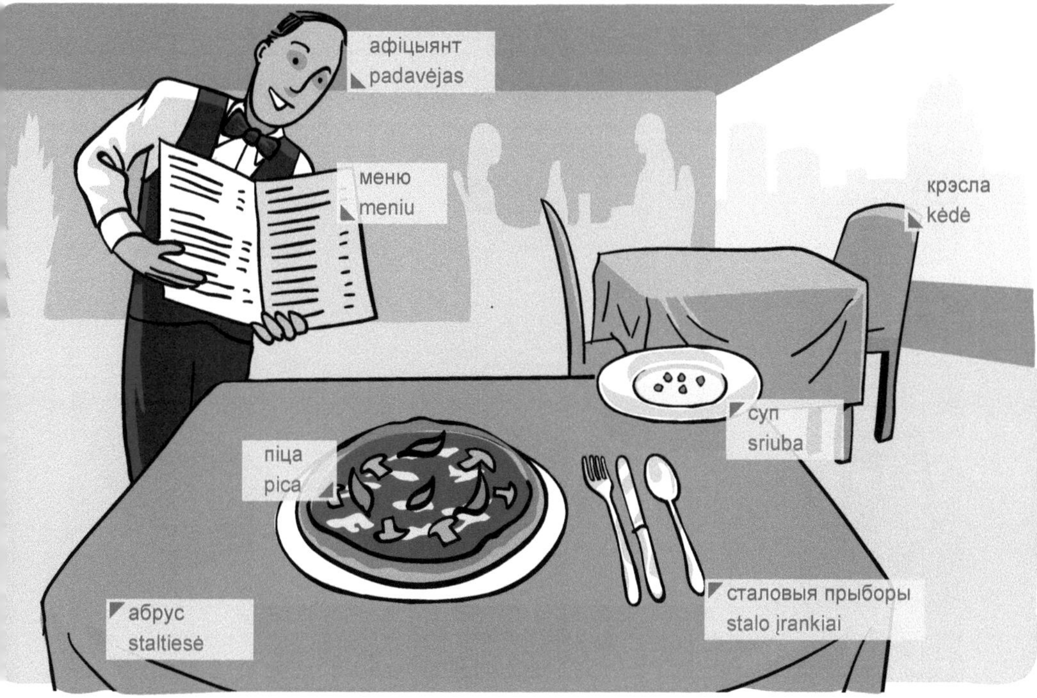

афіцыянт
padavėjas
меню
meniu
крэсла
kėdė
суп
sriuba
піца
pica
абрус
staltiesė
сталовыя прыборы
stalo įrankiai

закуска

užkandis

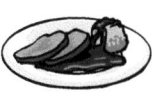

другая страва

pagrindinis patiekalas

дэсерт

desertas

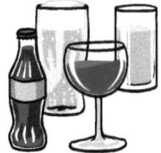

напоі

gėrimai

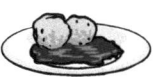

ежа

maistas

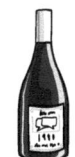

бутэлька

butelis

хуткае харчаванне (фаст-фуд)

greitai pateikiamas maistas

стрыт-фуд

gatvės maistas

імбрык (чайнік)

arbatinukas

цукарніца

cukrinė

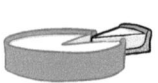

порцыя

porcija

эспрэса-машына

espreso aparatas

дзіцячае крэселка

aukšta kėdė

рахунак

sąskaita

паднос

padėklas

нож

peilis

відэлец

šakutė

лыжка

šaukštas

чайная лыжка

arbatinis šaukštelis

сурвэтка

servetėlė

шклянка

stiklinė

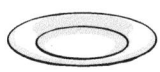

талерка

lėkštė

супавая талерка

sriubos lėkštė

сподак

padėklas

соус

padažas

сальніца

druskinė

млынок для перцу

pipirų malūnėlis

воцат

actas

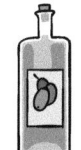

алей

aliejus

спецыі

prieskoniai

кетчуп

kečupas

гарчыца

garstyčios

маянэз

majonezas

супермаркет

prekybos centras

акцыя
specialus pasiūlymas
пакупнік
pirkėjas
малочныя прадукты
pieno produktai
садавіна
vaisiai
вазок
troleibusas
FOR

BUTCHERS

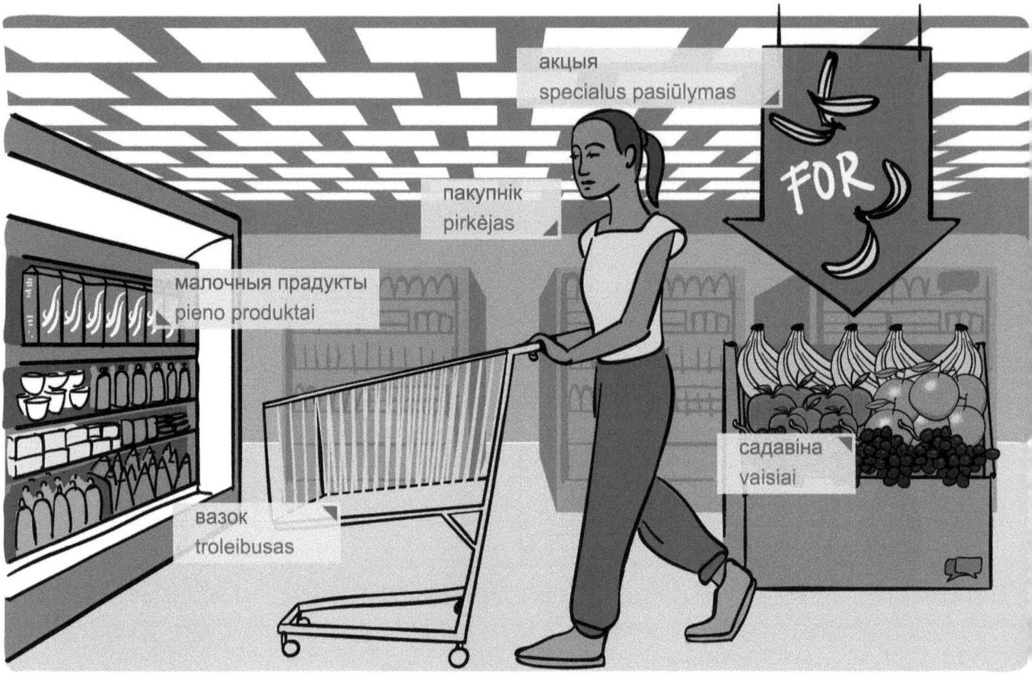

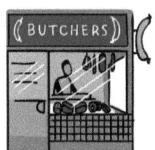

мясная крама

mėsos parduotuvė

BAKERY

хлебны магазін

kepykla

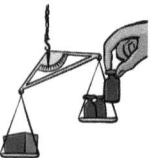

важыць

sverti

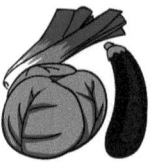

гародніна

daržovės

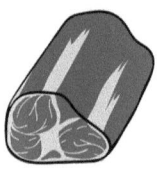

мяса

mėsa

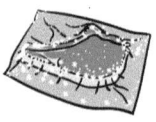

свежазамарожаныя прадукты

šaldytas maistas

нарэзка

šalti mėsos užkandžiai

кансервы

konservai

пральны парашок

skalbimo milteliai

прысмакі

saldumynai

хатнія прылады

ūkinės prekės

чысцячы сродак

valymo priemonės

прадавец

pardavėja

каса

kasos aparatas

касір

kasininkas

спіс пакупак

pirkinių sąrašas

гадзіны працы

darbo valandos

бумажнік

piniginė

крэдытная картка

kreditinė kortelė

сумка

maišelis

пакет

plastikinis maišelis

вада

vanduo

сок

sultys

малако

pienas

кола

kola

віно

vynas

піва

alus

алкаголь

alkoholis

какава

kakava

гарбата (чай)

arbata

кава

kava

эспрэса

espresas

капучына

kapučinas

банан

bananas

яблык

obuolys

апельсін

apelsinas

дыня

arbūzas

лімон

citrina

морква

morka

часнок

česnakas

бамбук

bambukas

цыбуля

svogūnas

грыб

grybas

арэхі

riešutai

локшына

makaronai

спагеці

spagečiai

рыс

ryžiai

салата

salotos

бульба фры

traškučiai

смажаная бульба

keptos bulvės

піца

pica

гамбургер

mėsainis

бутэрброд

sumuštinis

шніцаль

pjausnys

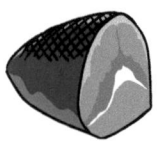

вяндліна

kumpis

салямі

saliamis

каўбаса

dešrelė

курыца

vištiena

смажаніна

kepsnys

рыбак

žuvis

аўсяныя камякі

avižų dribsniai

мюслі

dribsniai su priedais

кукурузныя шматкі

kukurūzų dribsniai

мука

miltai

круасан

prancūziškasis ragelis

булачка

bandelė

хлеб

duona

тост

skrebutis

пячэнне

sausainiai

масла

sviestas

тварог

varškė

пірог

tortas

яйка

kiaušinis

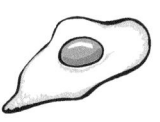

яечня

kiaušinienė

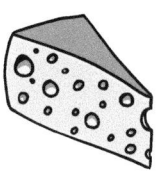

сыр

sūris

марожанае

ledai

цукар

cukrus

мёд

medus

варэнне

uogienė

нуга

tepamas šokoladas

кары

karis

сядзіба
ūkininko ūkis

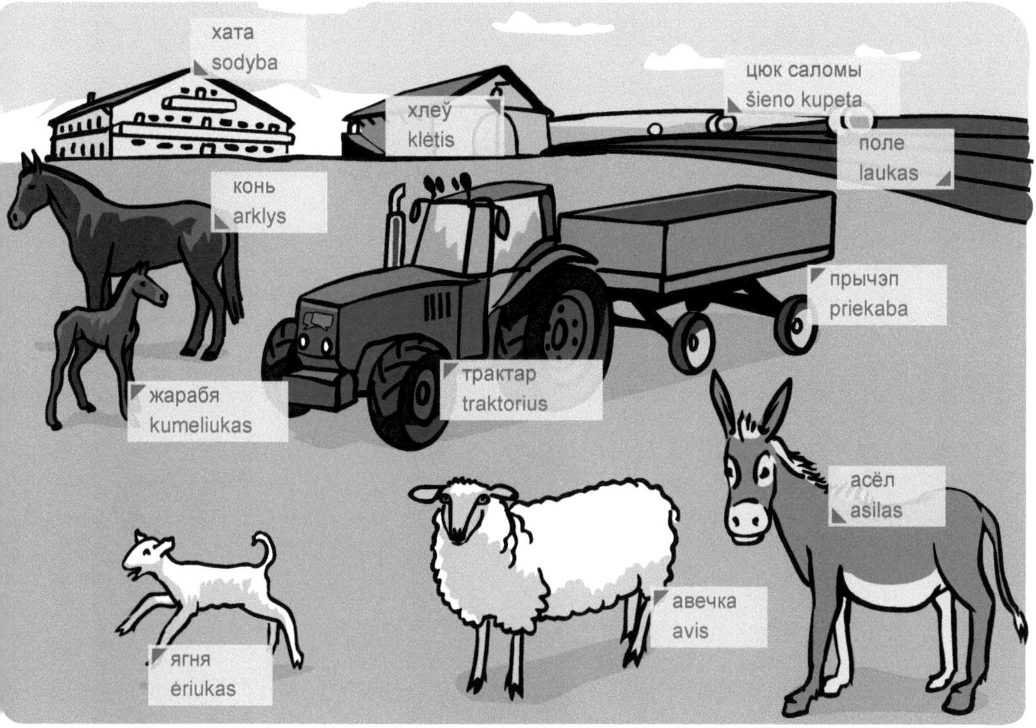
хата
sodyba
хлеў
klėtis
цюк саломы
šieno kupeta
поле
laukas
конь
arklys
прычэп
priekaba
трактар
traktorius
жарабя
kumeliukas
асёл
asilas
авечка
avis
ягня
ėriukas

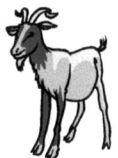

каза

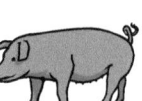

ožys

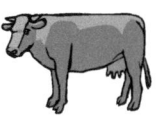

карова

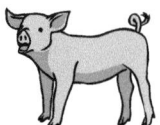

karvė

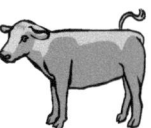

цяля

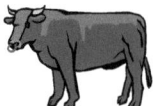

veršis

свіння

kiaulė

парася

paršelis

бык

bulius

гусак

žąsis

качка

antis

кураня

viščiukas

курыца

višta

певень

gaidys

пацук

žiurkė

кот

katė

мыш

pelė

вол

jautis

сабака

šuo

сабачая будка

šuns būda

садовы шланг

sodo namas

палівачка

laistytuvas

каса

dalgis

плуг

plūgas

серп

pjautuvas

матыка

kauptukas

вілы для гною

šakės

сякера

kirvis

тачка

statinė

карыта

lovys

бітон для малака

bidonas

мех

maišas

плот

tvora

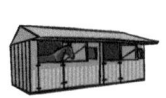

хлеў

arklidė

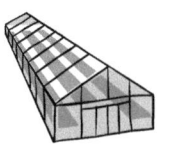

цяпліца

šiltnamis

глеба

dirva

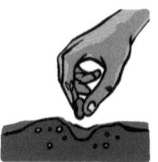

насенне

sėkla

угнаенне

trąšos

камбайн

kombainas

збіраць ураджай

rinkti

ураджай

derlius

ямс

saldžiosios bulvės

пшаніца

kviečiai

соя

soja

бульба

bulvė

кукуруза

kukurūzai

рапс

rapsai

садовае дрэва

vaismedis

маніёк

manijokas

збожжа

grūdai

дом

namas

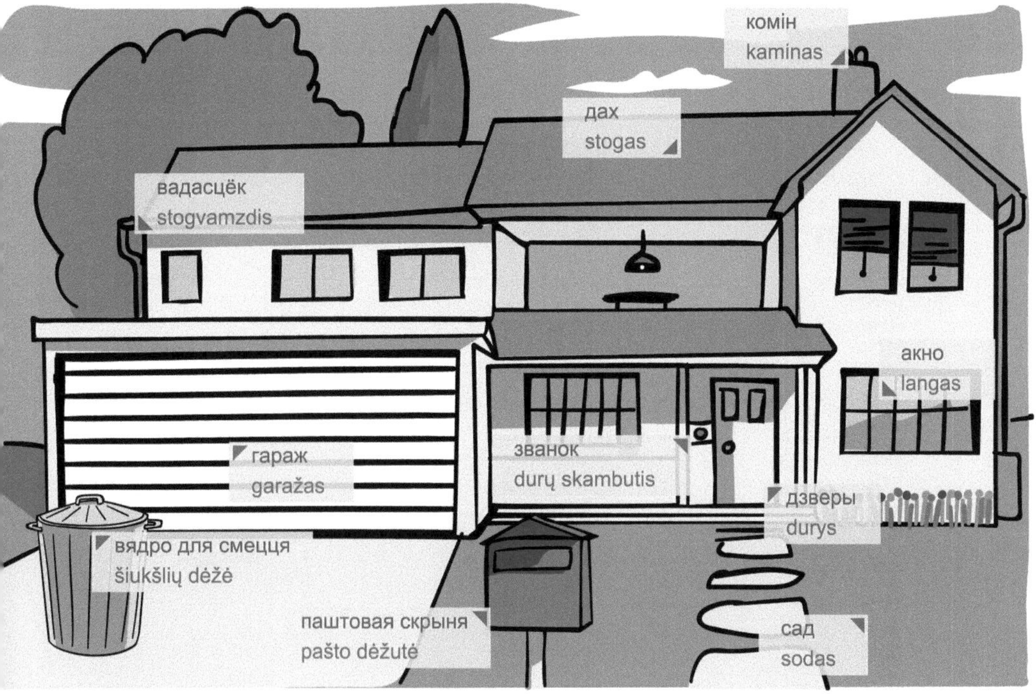

комін
kaminas

дах
stogas

вадасцёк
stogvamzdis

акно
langas

гараж
garažas

званок
durų skambutis

дзверы
durys

вядро для смецця
šiukšlių dėžė

паштовая скрыня
pašto dėžutė

сад
sodas

жылы пакой

svetainė

ванная

vonios kambarys

кухня

virtuvė

спальны пакой

miegamasis

дзіцячы пакой

vaiko kambarys

сталоўка

valgomasis

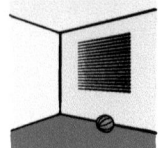

падлога

grindys

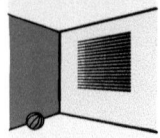

сцяна

siena

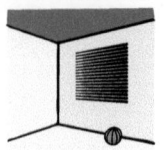

столь

lubos

падвал

rūsys

саўна

sauna

балкон

balkonas

тэраса

terasa

басейн

baseinas

касілка

žoliapjovė

падкоўдранік

paklodė

коўдра

lovatiesė

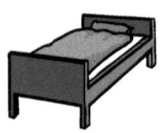

ложак

lova

венік

šluota

вядро

kibiras

выключальнік

jungiklis

жылы пакой
svetainė

шпалеры
tapetai
малюнак
nuotrauka
лямпа
šviestuvas
паліца
lentyna
шафа
spintelė
тэлевізар
televizorius
камін
židinys
кветка
gėlė
падушка
pagalvėlė
канапа
sofa
ваза
vaza
пульт
nuotolinio valdymo pultelis

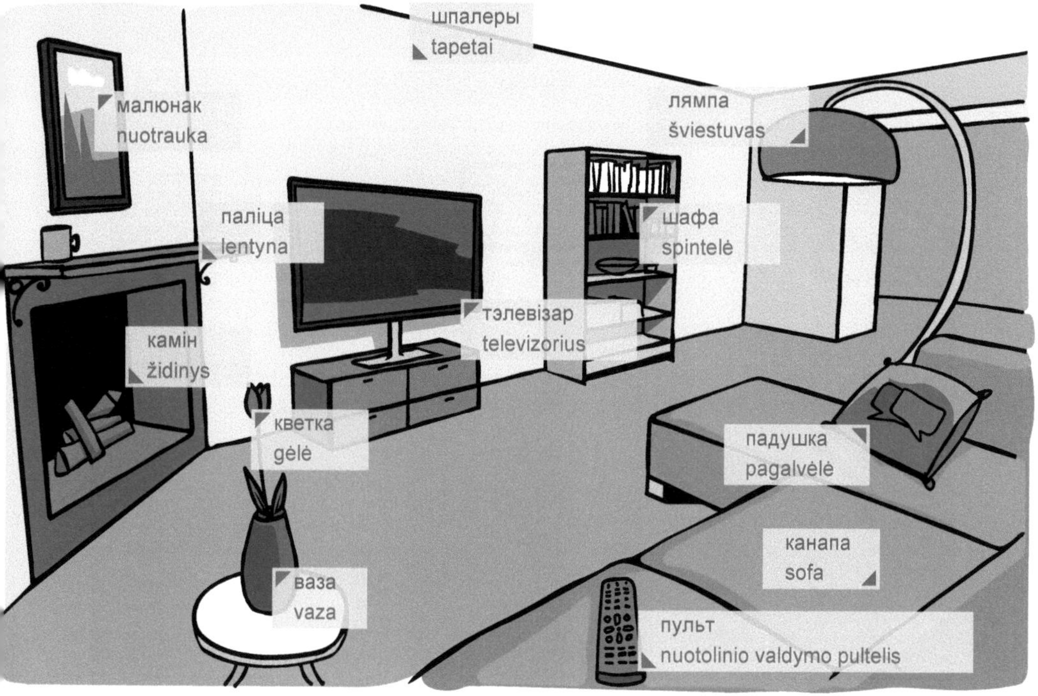

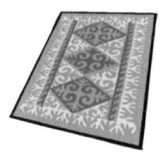

дыван

kilimas

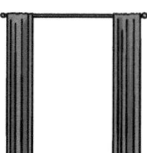

фіранка

užuolaida

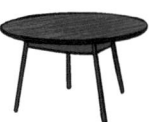

стол

stalas

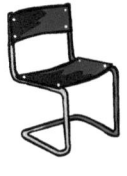

крэсла

kėdė

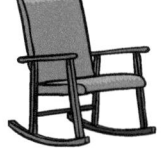

крэсла-качалка

supamasis krėslas

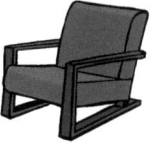

крэсла

fotelis

кніга

knyga

коўдра

antklodė

дэкарацыя

papuošimai

дровы

malkos

кіно

filmas

стэрэасістэма

stereo aparatūra

ключ

raktas

газета

laikraštis

карціна

paveikslas

постар

plakatas

радыё

radijas

нататнік

užrašų knygelė

пыласос

dulkių siurblys

кактус

kaktusas

свечка

žvakė

кухня
virtuvė

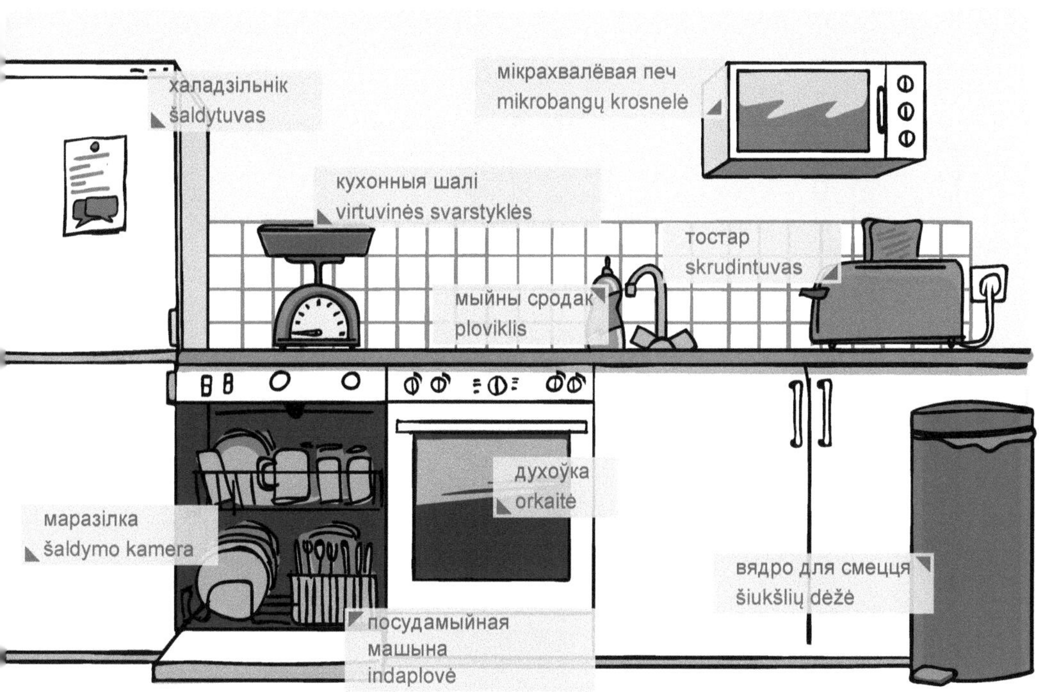
халадзільнік
šaldytuvas
мікрахвалёвая печ
mikrobangų krosnelė
кухонныя шалі
virtuvinės svarstyklės
тостар
skrudintuvas
мыйны сродак
ploviklis
духоўка
orkaitė
маразілка
šaldymo kamera
вядро для смецця
šiukšlių dėžė
посудамыйная
машына
indaplovė

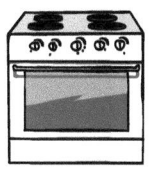

пліта
viryklė

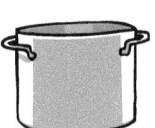

рондаль
puodas

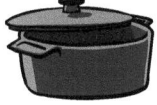

чыгунок
ketaus puodas

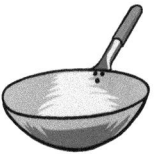

Вок / кадаі
„wok“ keptuvė

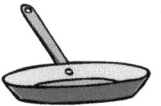

патэльня
keptuvė

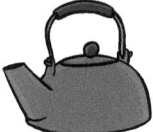

чайнік
virdulys

параварка

garų puodas

бляха

kepimo skarda

посуд

porceliano indai

кубак

puodelis

міска

dubuo

палачкі для ежы

valgomosios lazdelės

чарпак

samtis

лапатачка

mentelė

збівалка

plaktuvas

сіта для варэння

koštuvas

сіта

sietas

тарка

trintuvė

ступка

grūstuvė

грыль

kepsninė

вогнішча

atvira liepsna

дошка

pjaustymo lentelė

качалка

kočėlas

штопар

kamščiatraukis

бляшанка

skardinė

адкрывалка

skardinių atidarytuvas

прыхваткі

puodkėlė

ракавіна

kriauklė

шчотка

šepetys

губка

kempinė

міксер

trintuvas

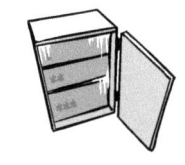

маразільная камера

šaldiklis

бутэлечка

kūdikių buteliukas

вадаправодны кран

čiaupas

ванная
vonios kambarys

душ
dušas
ручніковы сушыцель
šildymas
ручнік
rankšluostis
штора для душа
dušo užuolaidos
пенная ванна
vonios putos
ванна
vonia
шклянка
stiklinė
мыйная машына
skalbimo mašina
вадаправодны кран
čiaupas
плітка
plytelės
начны гаршчок
naktinis puodukas
ракавіна
kriauklė

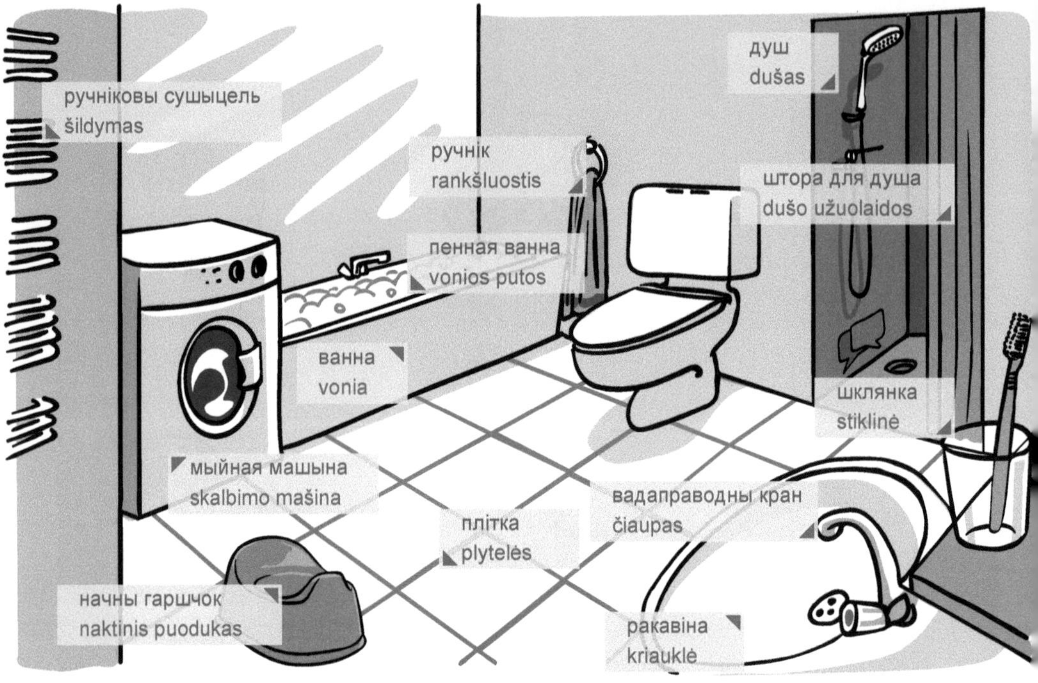

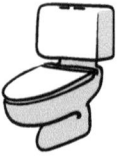

туалет

unitazas

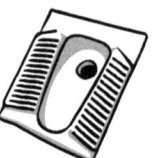

падлогавы ўнітаз

tupimasis unitazas

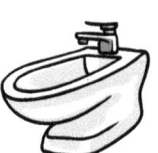

бідэ

bidė

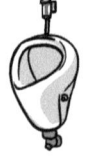

пісуар

pisuaras

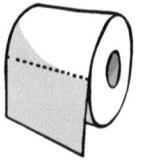

туалетная папера

tualetinis popierius

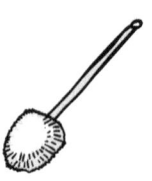

шчотка для чысткі ўнітаза

unitazo šepetys

зубная шчотка

dantų šepetėlis

зубная паста

dantų pasta

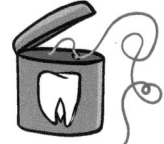

зубная нітка

dantų siūlas

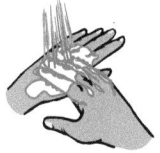

мыць

plauti

ручны душ

dušo galvutė

інтымны душ

higieninis dušas

умывальнік

praustuvas

шчотка для спіны

nugaros plaušinė

мыла

muilas

гель для душа

dušo želė

шампунь

šampūnas

вяхотка

plaušinė

вадасцёк

kanalizacija

крэм

kremas

дэзадарант

dezodorantas

люстэрка

veidrodis

касметычнае люстэрка

veidrodėlis

станок для галення

skustuvas

пена для галення

skutimosi putos

ласьён пасля галення

losjonas po skutimosi

грэбень

šukos

шчотка

šepetys

фен

plaukų džiovintuvas

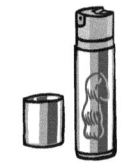

лак для валасоў

plaukų lakas

касметыка

makiažas

памада

lūpdažis

лак для пазногцяў

nagų lakas

вата

vata

манікюрныя нажніцы

žirklutės nagams

духі

kvepalai

касметычка
maišelis skalbiniams

табурэтка
taburetė

вагі
svarstyklės

лазневы халат
chalatas

санітарныя пальчаткі
guminės pirštinės

тампон
tamponas

гігіенічныя пракладкі
higieninis įklotas

біятуалет
biotualetas

дзіцячы пакой
vaiko kambarys

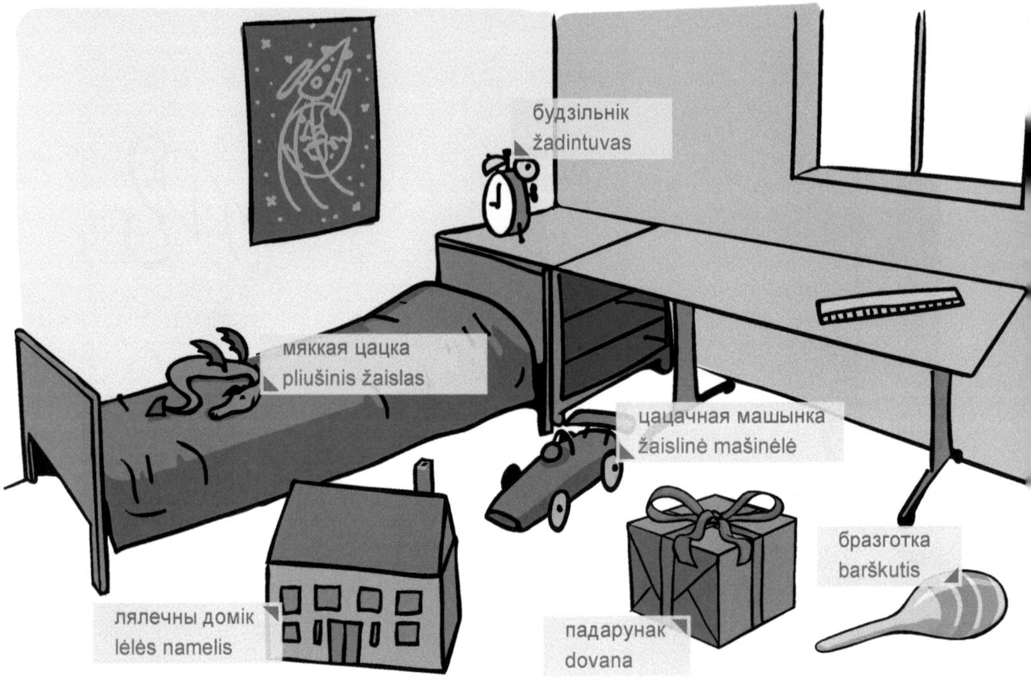
будзільнік
žadintuvas
мяккая цацка
pliušinis žaislas
цацачная машынка
žaislinė mašinėlė
бразготка
barškutis
лялечны домік
lėlės namelis
падарунак
dovana

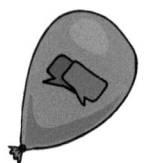

надзіманы шарык
balionas

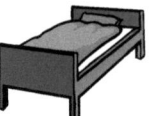

ложак
lova

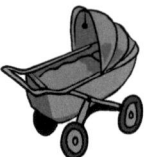

дзіцячая каляска
vaikiškas vežimėlis

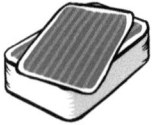

калода картаў
kortų malka

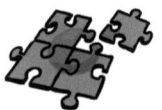

пазл
delionė

комікс
komiksai

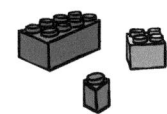

канструктар "Лега"

lego kaladėlės

канструктар

žaislinės kaladėlės

экшэн-фігурка

figūrėlė

дзіцячы гарнітур

šliaužtinukai

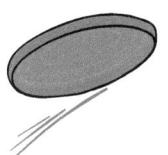

фрызбі

mėtymo lėkštė

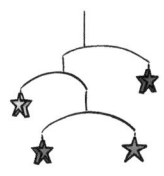

дзіцячы мабіль

karuselė

настольная гульня

stalo žaidimas

кубік

kauliukai

дзіцячая чыгунка

žaislinis traukinys

пустышка

žindukas

дзіцячае свята

vakarėlis

кніга з малюнкамі

paveiksliukų knygelė

мячык

kamuolys

лялька

lėlė

гуляцца

žaisti

пясочніца

smėlio dėžė

арэлі

sūpynės

цацкі

žaislai

гульнявая відэа прыстаўка

žaidimų konsolė

трохколавы ровар

triratukas

плюшавы мішка

meškiukas

шафа

drabužių spinta

адзенне

drabužis

шкарпэткі

kojinės

панчохі

kojinės virš kelių

калготкі

pėdkelnės

шалік
šalikas

парасон
skėtis

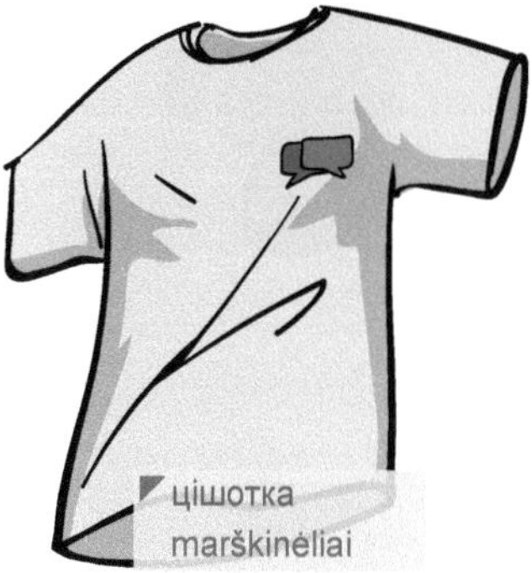

рамень
diržas

цішотка
marškinėliai

красоўкі
sportbačiai

боты
ilgaauliai batai

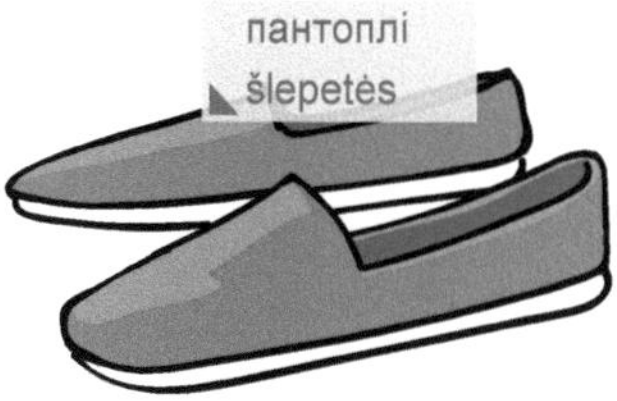

пантоплі
šlepetės

сандалі
....
sandalai

абутак
....
batai

гумовыя боты
....
guminiai batai

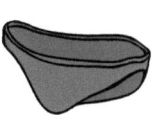

трусы
....
trumpikės

бюстгальтар
....
liemenėlė

майка
....
liemenė

бодзі

glaustinukė

штаны

kelnės

джынсы

džinsai

спадніца

sijonas

блузка

palaidinė

кашуля

marškiniai

джэмпер

megztinis

талстоўка

megztinis su gobtuvu

блэйзер

švarkelis

куртка

švarkas

паліто

paltas

дажджавік

lietpaltis

касцюм

kostiumas

сукенка

suknelė

вясельная сукенка

vestuvinė suknelė

касцюм

kostiumas

начная сарочка

naktiniai marškiniai

піжама

pižama

сары

saris

хустка

skarelė

цюрбан

tiurbanas

паранджа

burka

каптан

kaftanas

Абая

abaja

купальнік

maudymosi kostiumėlis

плаўкі

glaudės

шорты

šortai

спартыўны касцюм

sportinis kostiumas

фартух

prijuostė

пальчаткі

pirštinės

гузік
saga

акуляры
akiniai

бранзалет
apyrankė

каралі
vėrinys

кальцо
žiedas

завушніца
auskaras

кепка
kepurė

вешалка
pakabas

капялюш
skrybėlė

гальштук
kaklaraištis

маланка
užtrauktukas

шлем
šalmas

падцяжкі
breketai

школьная форма
mokyklinė uniforma

уніформа
uniforma

нагруднік

seilinukas

пустышка

žindukas

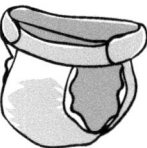

падгузнік

vystyklai

офіс

biuras

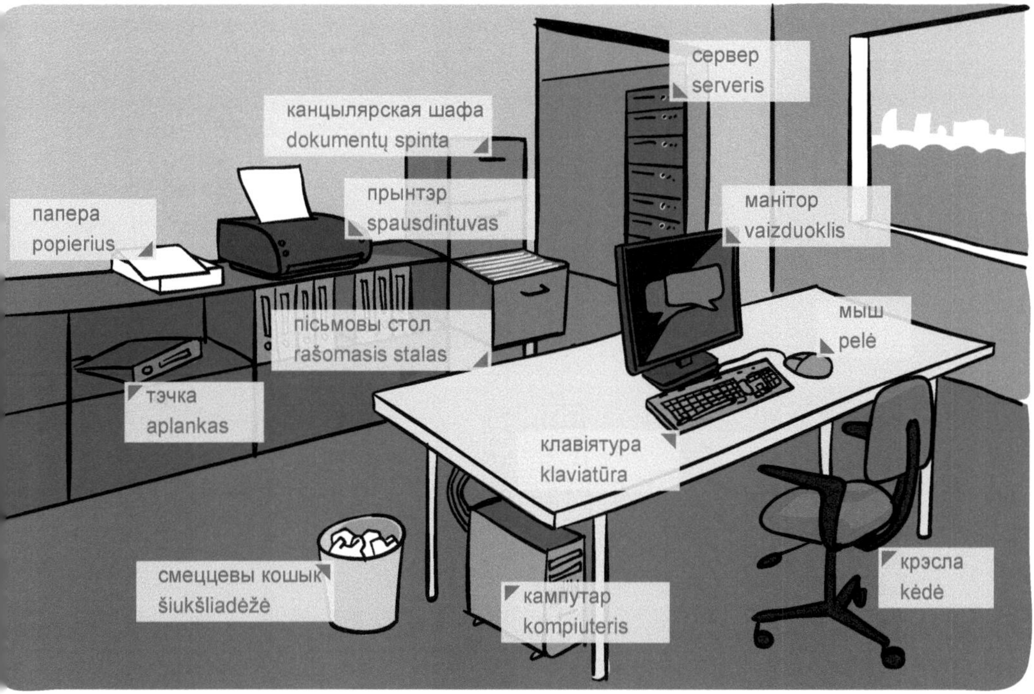

сервер
serveris

канцылярская шафа
dokumentų spinta

прынтэр
spausdintuvas

манітор
vaizduoklis

папера
popierius

пісьмовы стол
rašomasis stalas

мыш
pelė

тэчка
aplankas

клавіятура
klaviatūra

смеццевы кошык
šiukšliadėžė

кампутар
kompiuteris

крэсла
kėdė

кубак для кавы (філіжанка)

kavos puodelis

калькулятар

kalkuliatorius

інтэрнэт

internetas

ноўтбук

nešiojamasis kompiuteris

ліст

laiškas

паведамленне

žinutė

мабільны тэлефон

mobilusis telefonas

сетка

tinklas

ксеракс

fotokopijavimo aparatas

праграмнае забеспячэнне

programinė įranga

тэлефон

telefonas

разетка

kištukinis lizdas

факс

faksas

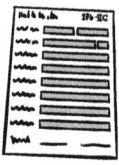

фармуляр

forma

дакумент

dokumentas

купляць
pirkti

плаціць
mokėti

гандляваць
prekiauti

грошы
pinigai

долар
doleris

еўра
euras

ена
jena

рубель
rublis

франк
Šveicarijos frankas

кітайскі юань
juanis

рупія
rupija

банкамат
bankomatas

абменны пункт

valiutos keitykla

золата

auksas

срэбра

sidabras

нафта

nafta

энергія

energija

цана

kaina

кантракт

sutartis

падатак

mokestis

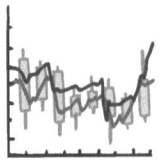

акцыя

akcijos

працаваць

dirbti

служачы

darbuotojas

працадаўца

darbdavys

фабрыка

gamykla

крама

parduotuvė

паліцыянт
policininkas

пажарны
ugniagesys

кухар
virėjas

доктар
gydytojas

пілот
lakūnas

садоўнік

sodininkas

слесар

stalius

швачка

siuvėja

суддзя

teisėjas

хімік

chemikas

артыст

aktorius

кіроўца аўтобуса

autobuso vairuotojas

таксіст

taksi vairuotojas

рыбак

žvejys

прыбіральшчыца

valytoja

страхар

stogdengys

афіцыянт

padavėjas

паляўнічы

medžiotojas

мастак

dailininkas

пекар

kepėjas

электрык

elektrikas

будаўнік

statybininkas

інжынер

inžinierius

мяснік

mėsininkas

сантэхнік

santechnikas

паштальён

paštininkas

салдат

kareivis

архітэктар

architektas

касір

kasininkas

фларыст

gėlininkas

цырульнік

kirpėjas

кандуктар

konduktorius

механік

mechanikas

капітан

kapitonas

стаматолаг

odontologas

вучоны

mokslininkas

рабін

rabinas

імам

imamas

манах

vienuolis

святар

kunigas

інструменты
įrankiai

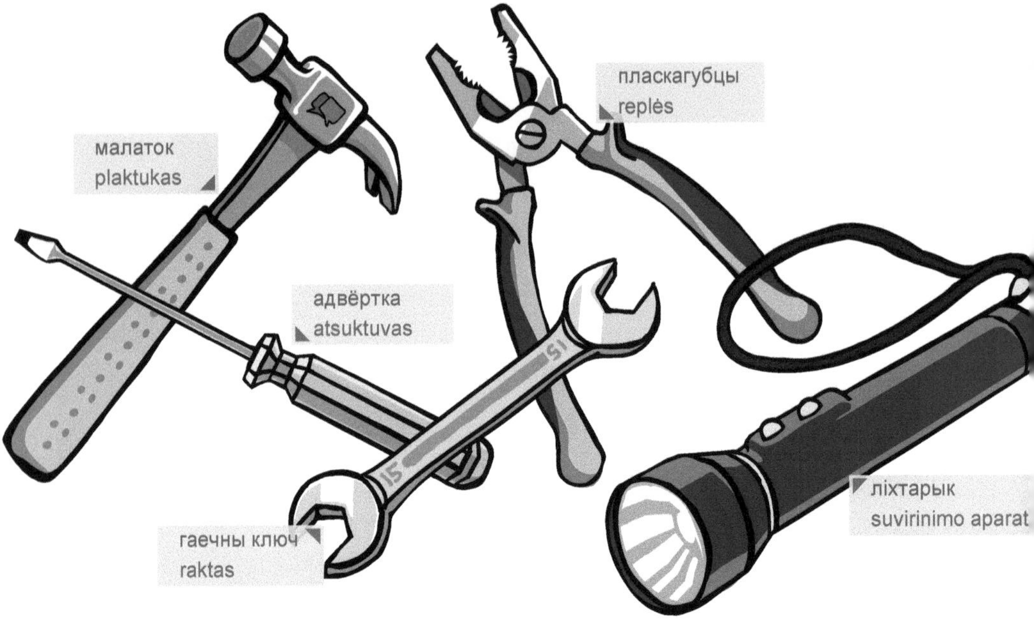
малаток
plaktukas
пласкагубцы
replės
адвёртка
atsuktuvas
гаечны ключ
raktas
ліхтарык
suvirinimo aparat

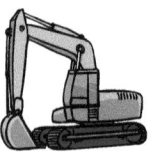

экскаватар

ekskavatorius

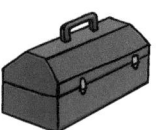

скрыня для інструментаў

įrankių dėžė

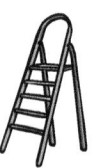

дравіны

kopėčios

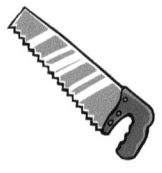

піла

pjūklas

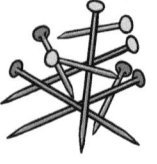

цвікі

vinys

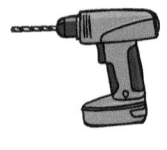

дрыль

grąžtas

рамантаваць

taisyti

рыдлеўка

kastuvas

Халера!

Velniava!

шуфлік для смецця

semtuvėlis

вядро з фарбаю

dažų skardinė

балты

varžtai

музычныя інструменты
muzikos instrumentai

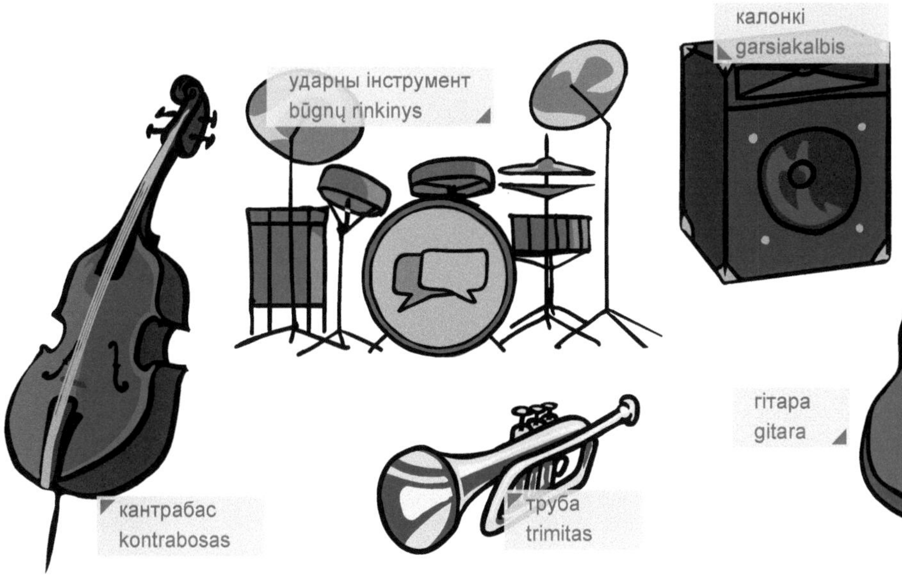

калонкі
garsiakalbis

ударны інструмент
būgnų rinkinys

гітара
gitara

кантрабас
kontrabosas

труба
trimitas

піяніна

pianinas

скрыпка

smuikas

басгітара

bosinė gitara

літаўры

timpanas

барабан

būgnai

клавішны электрамузычны
інструмент

sintezatorius

саксафон

saksofonas

флейта

fleita

мікрафон

mikrofonas

заапарк
zoologijos sodas

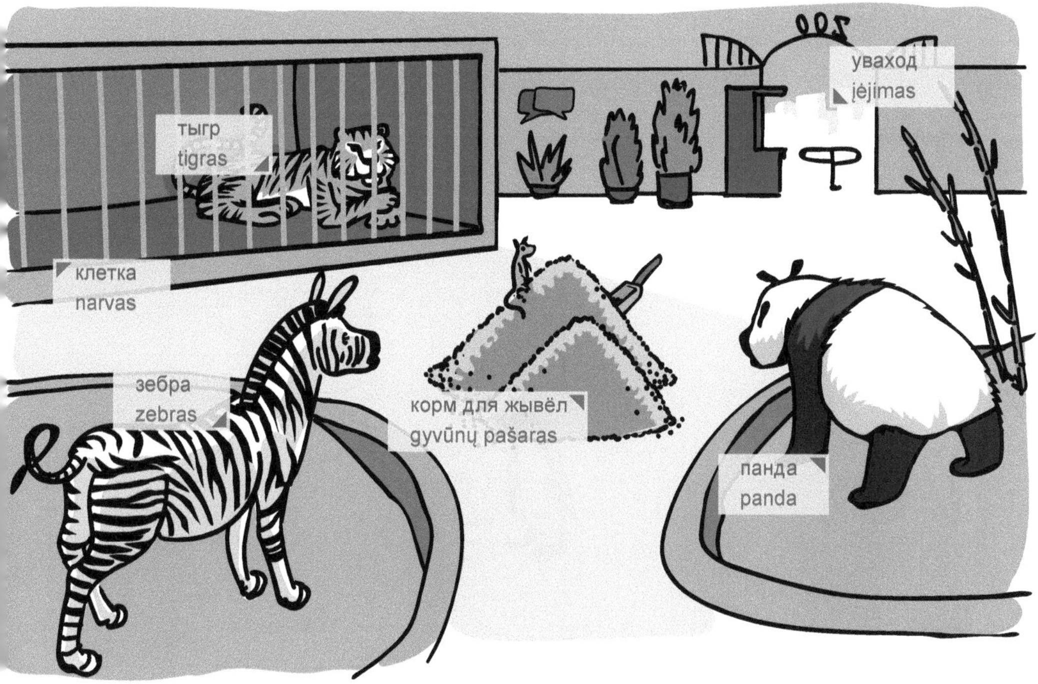

тыгр
tigras
уваход
įėjimas
клетка
narvas
зебра
zebras
корм для жывёл
gyvūnų pašaras
панда
panda

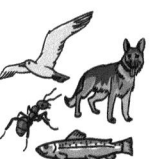

жывёлы

gyvūnai

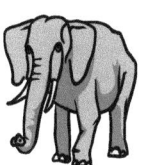

слон

dramblys

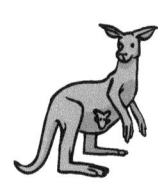

кенгуру

kengūra

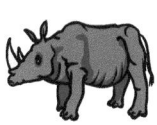

насарог

raganosis

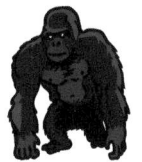

гарыла

gorila

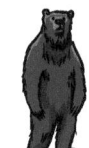

мядзведзь

meška

вярблюд

kupranugaris

стравус

strutis

леў

liūtas

малпа

beždžionė

фламінга

flamingas

папугай

papūga

белы мядзведзь

baltoji meška

пінгвін

pingvinas

акула

ryklys

паўлін

povas

змяя

gyvatė

кракадзіл

krokodilas

наглядчык заапарка

zoologijos sodo prižiūrėtojas

цюлень

ruonis

ягуар

jaguaras

заапарк - zoologijos sodas

поні

ponis

леапард

leopardas

бегемот

begemotas

жыраф

žirafa

арол

erelis

дзік

šernas

рыбак

žuvis

чарапаха

vėžlys

морж

vėplys

ліса

lapė

газель

gazelė

америка́нскі футбол
amerikietiškas futbolas

веласпорт
dviračių sportas

тэніс
tenisas

баскетбол
krepšinis

плаванне
plaukimas

бокс
boksas

хакей з шайбай
ledo ritulys

футбол
futbolas

бадмінтон
badmintonas

лёгкая атлетыка
atletika

гандбол
rankinis

горныя лыжы
slidinėjimas

пола
polas

дзейнасць
užsiėmimai

скакаць
šokinėti
абдымаць
apkabinti
смяяцца
juoktis
ісці
vaikščioti
спяваць
dainuoti
марыць
svajoti
маліцца
melstis
цалаваць
bučiuoti

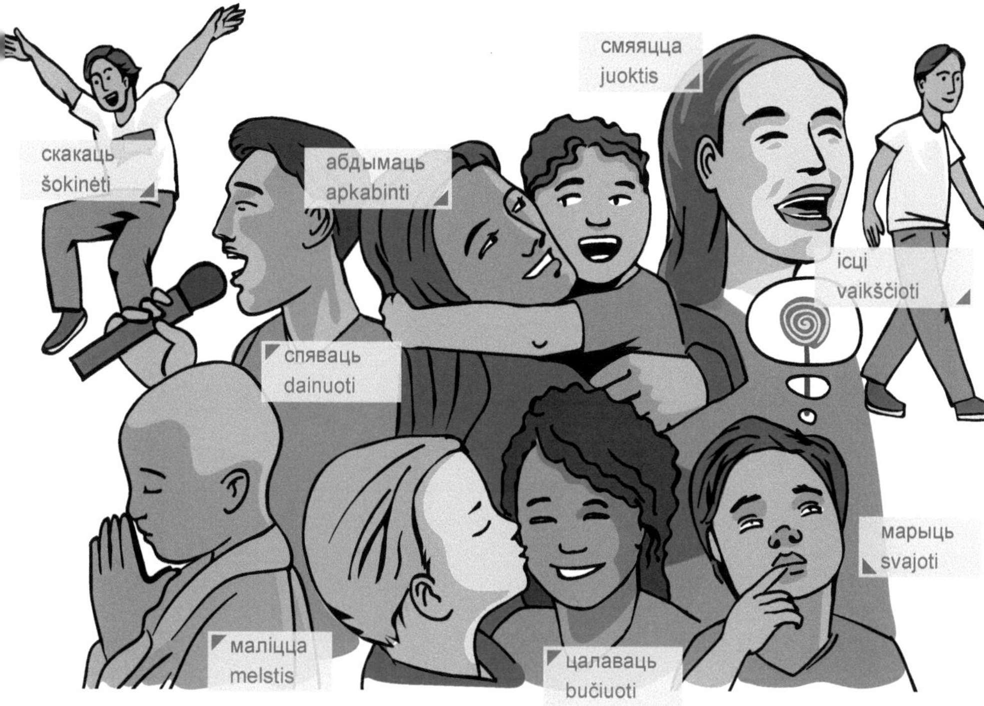

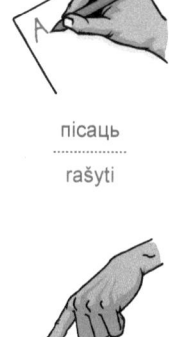

пісаць

rašyti

маляваць

piešti

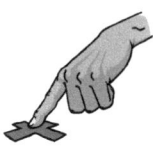

паказваць

rodyti

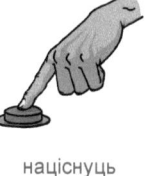

націснуць

stumti

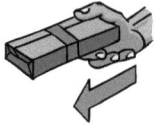

даваць

duoti

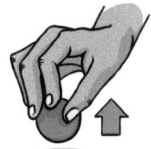

браць

imti

маць

turėti

выконваць

daryti

быць

būti

стаяць

stovėti

бегчы

bėgti

цягнуць

traukti

кідаць

mesti

падаць

kristi

ляжаць

meluoti

чакаць

laukti

насіць

nešti

сядзець

sėdėti

апранацца

rengtis

спаць

miegoti

прачынацца

pabusti

глядзець
·················
žiūrėti

плакаць
·················
verkti

лашчыць
·················
glostyti

прычэсвацца
·················
šukuoti

гаварыць
·················
kalbėti

разумець
·················
suprasti

пытаць
·················
paklausti

чуць
·················
klausytis

піць
·················
gerti

есці
·················
valgyti

прыбіраць
·················
tvarkytis

кахаць
·················
mylėti

гатаваць
·················
gaminti

ехаць
·················
vairuoti

лятаць
·················
skristi

плаваць пад ветразем

buriuoti

лічыць

skaičiuoti

чытаць

skaityti

вучыць

mokytis

працаваць

dirbti

уступаць у шлюб

vesti

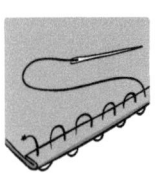

шыць

siūti

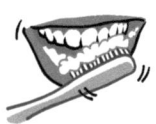

чысціць зубы

valytis dantis

забіваць

žudyti

курыць

rūkyti

пасылаць

siųsti

сям'я
šeima

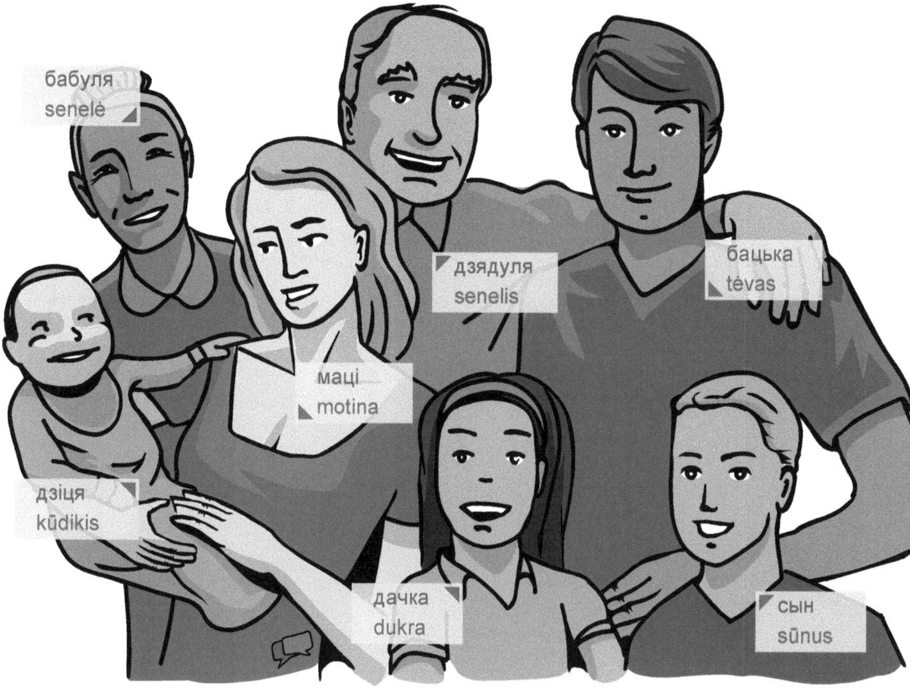

бабуля
senelė
дзядуля
senelis
бацька
tėvas
маці
motina
дзіця
kūdikis
дачка
dukra
сын
sūnus

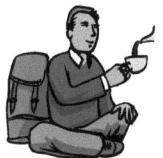

госць

svečias

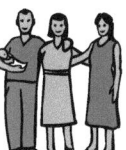

цётка

teta

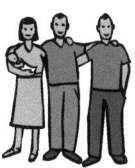

дзядзька

dėdė

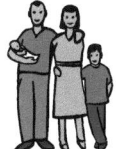

брат

brolis

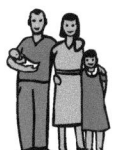

сястра

sesuo

цела

kūnas

лоб
kakta
вока
akis
плячо
petys
палец
pirštas
твар
veidas
падбародак
smakras
рука
plaštaka
нага
koja
грудзі
krūtinė
рука
ranka

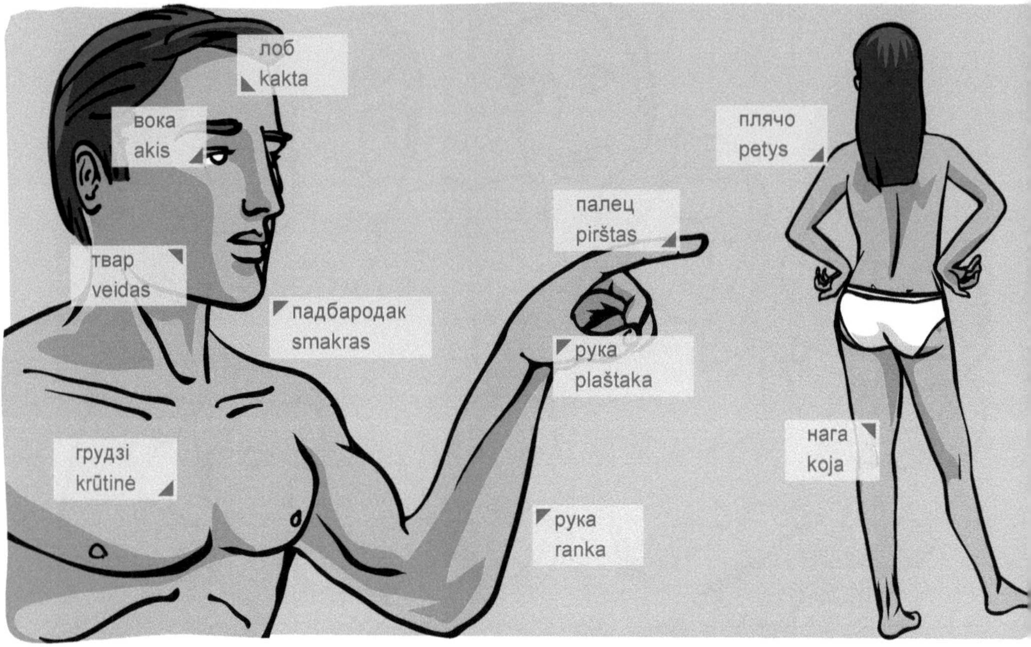

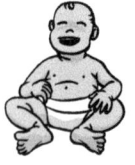

дзіця
kūdikis

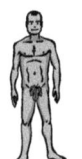

мужчына
vyras

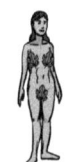

жанчына
moteris

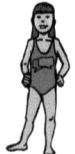

дзяўчынка
mergaitė

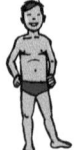

хлопчык
berniukas

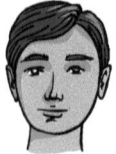

галава
galva

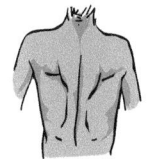

спіна

nugara

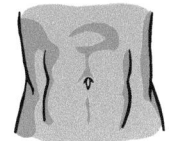

жывот

pilvas

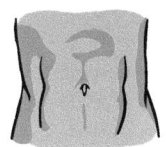

пуп

bamba

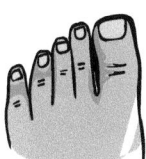

палец нагі

kojos pirštas

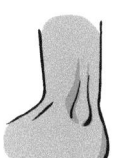

пятка

kulnas

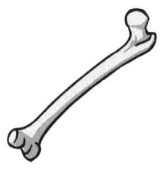

костка

kaulas

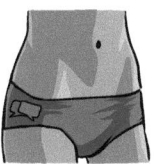

бядро

klubas

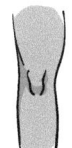

калена

kelis

локаць

alkūnė

нос

nosis

ягадзіца

sėdmenys

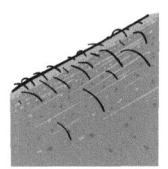

скура

oda

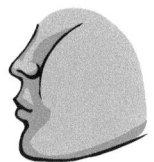

шчака

skruostas

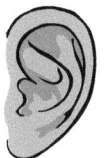

вуха

ausis

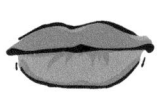

губа

lūpa

рот

burna

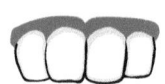

зуб

dantis

язык

liežuvis

галаўны мозг

smegenys

сэрца

širdis

мышца

raumuo

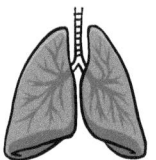

лёгкае

plaučiai

пячонка

kepenys

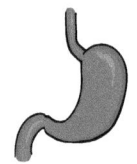

страўнік

skrandis

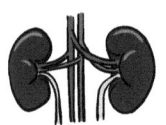

ныркі

inkstai

сэкс

seksas

прэзерватыў

prezervatyvas

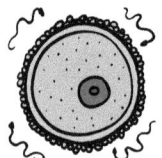

яйцаклетка

kiaušialąstė

сперма

sperma

цяжарнасць

nėštumas

цела - kūnas

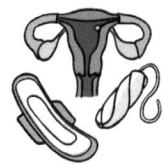

менструацыя

menstruacijos

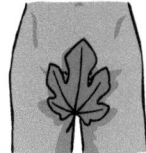

похва

makštis

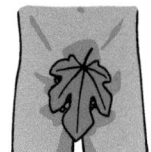

пеніс

varpa

брыво

antakis

валасы

plaukai

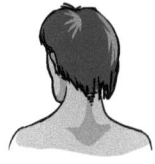

шыя

kaklas

шпіталь
ligoninė

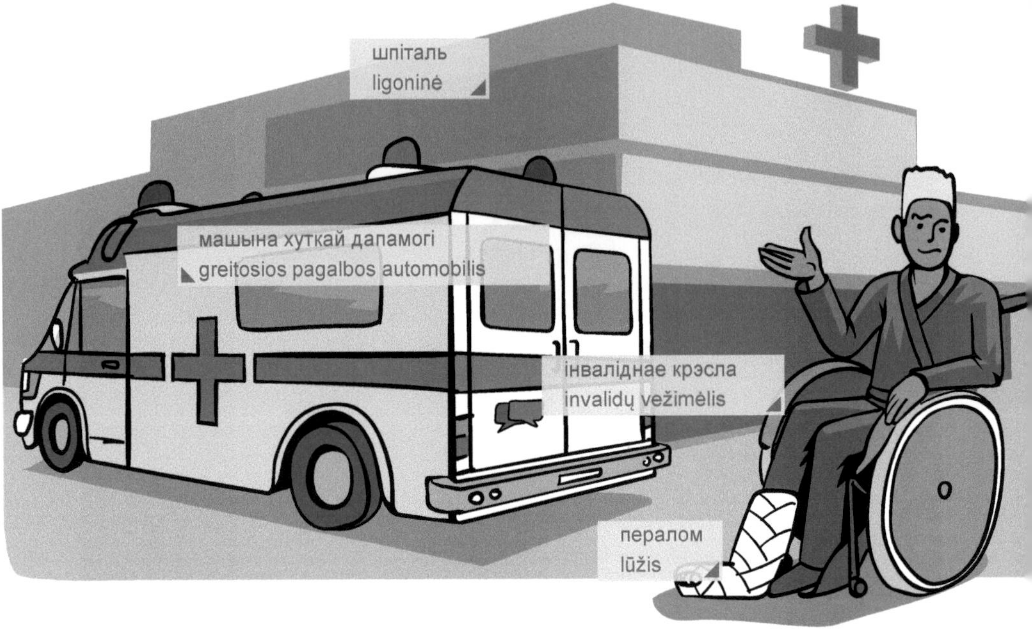

шпіталь
ligoninė
машына хуткай дапамогі
greitosios pagalbos automobilis
інваліднае крэсла
invalidų vežimėlis
пералом
lūžis

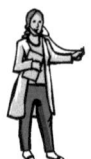

доктар

gydytojas

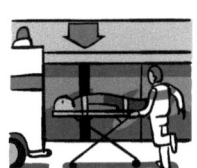

аддзяленне першай дапамогі

skubios pagalbos skyrius

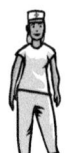

медсястра

slaugytoja

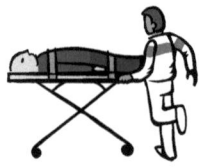

экстраная дапамога

nelaimingas atsitikimas

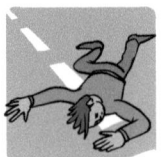

непрытомны

be sąmonės

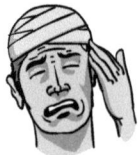

боль

skausmas

траўма

sužalojimas

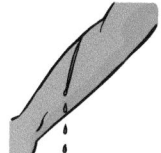

крывацёк

kraujavimas

інфаркт

širdies smūgis

апаплексія

insultas

алергія

alergija

кашаль

kosulys

гарачка

karščiavimas

грып

gripas

панос

viduriavimas

галаўны боль

galvos skausmas

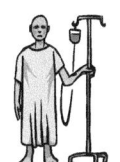

рак

vėžys

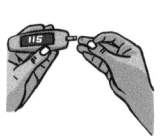

дыябет

diabetas

хірург

chirurgas

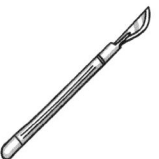

скальпель

skalpelis

аперацыя

operacija

КТ
KT

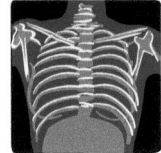

рэнтген
rentgenas

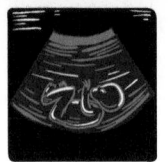

ультрагук
ultragarsas

маска
veido kaukė

хвароба
liga

пачакальня
laukiamasis

мыліца
ramentas

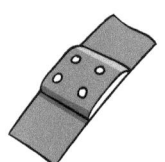

пластыр
gipsas

бінт
tvarstis

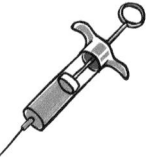

ін'екцыя
injekcija

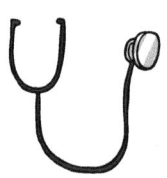

стэтаскоп
stetoskopas

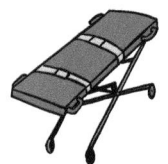

насілкі
neštuvai

градуснік
termometras

нараджэнне
gimimas

лішняя вага
antsvoris

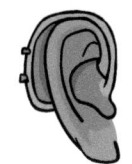

слухавы апарат

klausos aparatas

дэзінфекцыйны сродак

dezinfekavimo priemonė

інфекцыя

infekcija

вірус

virusas

ВІЧ/СНІД

ŽIV / AIDS

лекі

vaistas

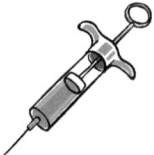

прышчэпка

skiepijimas

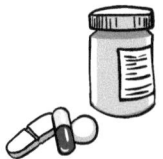

таблеткі

tabletės

супрацьзачаткавая таблетка

piliulė

экстраны выклік

skubios pagalbos numeris

танометр

kraujospūdžio matuoklis

хворы / здаровы

ligotas / sveikas

Ратуйце!

Padėkite!

сігналізацыя

pavojaus signalas

напад

užpuolimas

атака

ataka

небяспека

pavojus

аварыйны выхад

avarinis išėjimas

Пажар!

Gaisras!

вогнетушыцель

gesintuvas

аварыя

nelaimingas atsitikimas

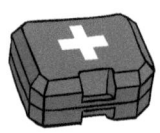

аптэчка

pirmosios pagalbos rinkinys

СОС

SOS

паліцыя

policija

Еўропа

Europa

Паўночная Амерыка

Šiaurės Amerika

Паўднёвая Амерыка

Pietų Amerika

Афрыка

Afrika

Азія

Azija

Аўстралія

Australija

Атлантычны акіян

Atlanto vandenynas

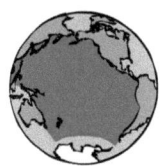

Ціхі акіян

Ramusis vandenynas

Індыйскі акіян

Indijos vandenynas

Паўднёвы ледавіты акіян

Pietų vandenynas

Паўночны ледавіты акіян

Arkties vandenynas

Паўночны полюс

Šiaurės ašigalis

Паўднёвы полюс

Pietų ašigalis

Антарктыда

Antarktida

Зямля

Žemė

краіна

sausuma

мора

jūra

востраў

sala

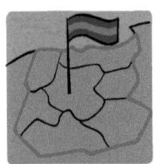

нацыя

tauta

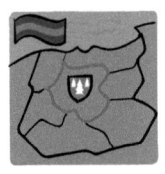

дзяржава

valstybė

цыферблат

ciferblatas

гадзінная стрэлка

valandinė rodyklė

хвілінная стрэлка

minutinė rodyklė

секундная стрэлка

sekundinė rodyklė

Колькі часу?

Kiek valandų?

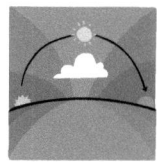

дзень

diena

час

laikas

зараз

dabar

электронны гадзіннік

skaitmeninis laikrodis

хвіліна

minutė

гадзіна

valanda

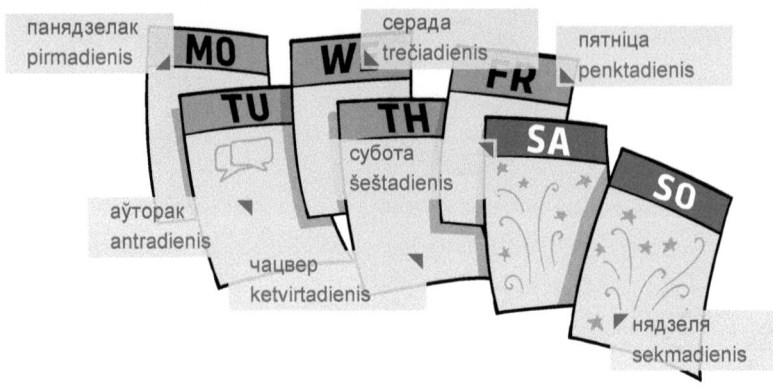

панядзелак
pirmadienis

серада
trečiadienis

пятніца
penktadienis

аўторак
antradienis

субота
šeštadienis

чацвер
ketvirtadienis

нядзеля
sekmadienis

ўчора

vakar

сёння

šiandien

заўтра

rytoj

раніца

rytas

абед

vidurdienis

вечар

vakaras

працоўныя дні

darbo dienos

выхадныя

savaitgalis

год
metai

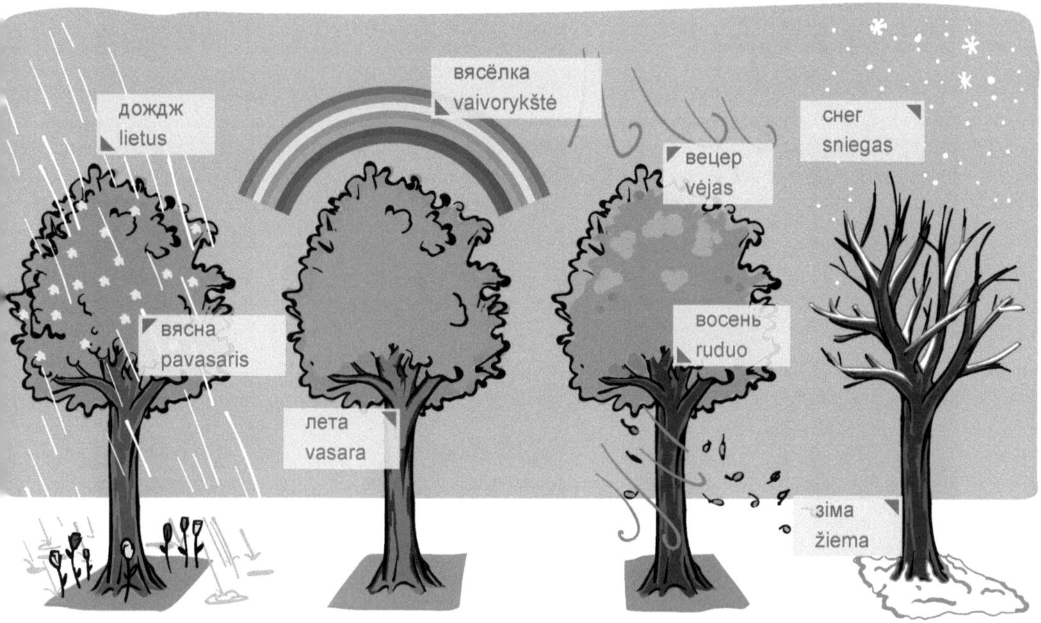

дождж
lietus
вясёлка
vaivorykštė
вецер
vėjas
снег
sniegas
вясна
pavasaris
восень
ruduo
лета
vasara
зіма
žiema

4.APRIL 11°
5.APRIL 4°
6.APRIL 13°
7.APRIL 8°
8.APRIL 10°

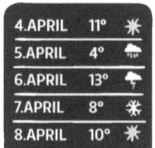

прагноз надвор'я

orų prognozė

F C
120 90 60 30 0 -30
40 30 20 10 0 -10 -20

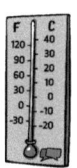

градуснік

lauko termometras

сонечнае святло

saulės šviesa

воблака

debesis

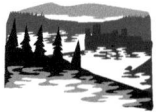

туман

rūkas

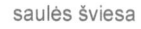

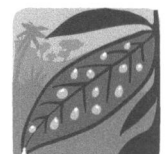

вільготнасць паветра

drėgmė

маланка

žaibas

гром

griaustinis

бура

audra

град

kruša

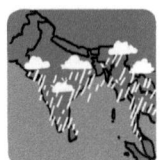

мусонны вецер

musonas

прыліў

potvynis

лёд

ledas

студзень

sausis

люты

vasaris

сакавік

kovas

красавік

balandis

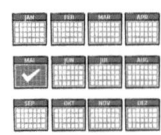

май

gegužė

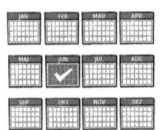

чэрвень

birželis

ліпень

liepa

жнівень

rugpjūtis

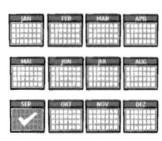

верасень
....
rugsėjis

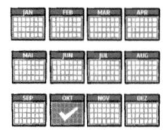

кастрычнік
....
spalis

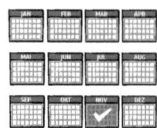

лістапад
....
lapkritis

снежань
....
gruodis

формы

formos

круг
....
apskritimas

квадрат
....
kvadratas

прамавугольнік
....
stačiakampis

трохвугольнік
....
trikampis

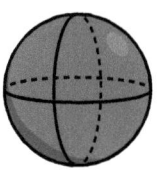

шар
....
sfera

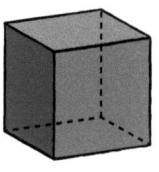

куб
....
kubas

белы

balta

жоўты

geltona

аранжавы

oranžinė

ружовы

rožinė

чырвоны

raudona

фіялетавы

violetinė

сіні

mėlyna

зялёны

žalia

карычневы

ruda

шэры

pilka

чорны

juoda

шмат / мала

daug / mažai

злы / добры

piktas / ramus

прыгожы / брыдкі

gražus / bjaurus

пачатак / канец

pradžia / pabaiga

высокі / малы

didelis / mažas

светлы / цёмны

šviesus / tamsus

сястра / брат

brolis / sesuo

чысты / брудны

švarus / purvinas

поўны / няпоўны

užbaigtas / neužbaigtas

дзень / ноч

diena / naktis

мёртвы / жывы

miręs / gyvas

шырокі / вузкі

platus / siauras

ядомы / неядомы

valgomas / nevalgomas

злы / добры

piktas / malonus

узбуджаны / нудны

linksmas / nuobodus

тоўсты / тонкі

storas / plonas

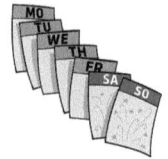

першы / апошні

pirmiausia / paskiausia

сябар / вораг

draugas / priešas

поўны / пусты

pilnas / tuščias

цвёрды / мяккі

kietas / minkštas

важкі / лёгкі

sunkus / lengvas

голад / смага

alkis / troškulys

хворы / здаровы

ligotas / sveikas

нелегальны / легальны

nelegalus / legalus

разумны / дурны

protingas / kvailas

левы / правы

kairė / dešinė

побач / далёка

arti / toli

новы / былы ва ўжыванні

naujas / naudotas

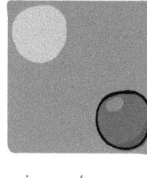

нічога / нешта

niekas / kažkas

стары / малады

senas / jaunas

укл / выкл

įjungta / išjungta

адчынены / зачынены

atidaryta / uždaryta

ціхі / гучны

tylus / garsus

багаты / бедны

turtingas / vargšas

правільна / няправільна

teisus / neteisus

шурпаты / гладкі

šiurkštus / švelnus

сумны / шчаслівы

liūdnas / laimingas

кароткі / доўгі

trumpas / ilgas

павольны / хуткі

lėtas / greitas

вільготны / сухі

drėgnas / sausas

цёплы / халаднаваты

šiltas / šaltas

вайна / мір

karas / taika

лічбы
skaičiai

0
нуль
nulis

1
адзін
vienas

2
два
du

3
тры
trys

4
чатыры
keturi

5
пяць
penki

6
шэсць
šeši

7
сем
septyni

8
восем
aštuoni

9
дзевяць
devyni

10
дзесяць
dešimt

11
адзінаццаць
vienuolika

12

дванаццаць

dvylika

13

трынаццаць

trylika

14

чатырнаццаць

keturiolika

15

пятнаццаць

penkiolika

16

шаснаццаць

šešiolika

17

сямнаццаць

septyniolika

18

васямнаццаць

aštuoniolika

19

дзевятнаццаць

devyniolika

20

дваццаць

dvidešimt

100

сто

šimtas

1.000

тысяча

tūkstantis

1.000.000

мільён

milijonas

англійская
....
anglų

англійская (Амерыка)
....
amerikiečių anglų

кітайская мандарынская
....
kinų (mandarinų)

хіндзі
....
hindi

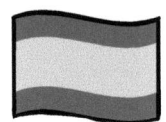

іспанская
....
ispanų

французская
....
prancūzų

арабская
....
arabų

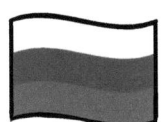

руская
....
rusų

партугальская
....
portugalų

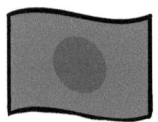

бенгальская
....
bengalų

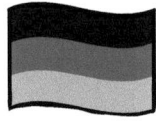

нямецкая
....
vokiečių

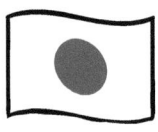

японская
....
japonų

я
aš

ты
tu

ён / яна / яно
jis / ji

мы
mes

вы
jūs

яны
jie

хто?
kas?

што?
ką?

як?
kaip?

дзе?
kur?

калі?
kada?

імя
vardas

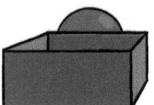

за
už

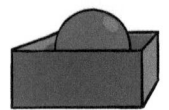

у
kur (vieta)

перад
priešais

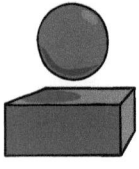

над
virš

на
ant

пад
po

каля
prie

паміж
tarp

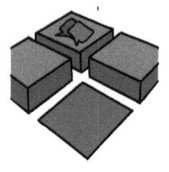

месца
vieta